CEU - CEFAS
Centro de Estudios, Formación y Análisis Social

Estudio de la hegemonía de la ideología *Woke*. Análisis y propuestas

INFORME 06 | CEU-CEFAS

Febrero de 2024

Autor

Paz Marín Cánovas
Investigadora de CEU-CEFAS

CEU-CEFAS tiene por objetivo la promoción de los principios inspiradores fundamentales de la Doctrina Social de la Iglesia en los ámbitos cultural y político, mediante la realización de cursos, congresos y publicaciones. CEU-CEFAS aspira a constituirse en un lugar de referencia y encuentro para debatir, reflexionar, formar, difundir e investigar en el ámbito de las ideas para mejorar la sociedad.

www.cefas.ceu.es

CEU-CEFAS
Calle Tutor, 35
28008 Madrid | España
Teléfono: (+34) 91 514 05 77
cefas@ceu.es

Depósito legal: M-5819-2024
ISBN: 978-84-19976-14-7
Maquetación: CEU Ediciones
Impresión: CEU Ediciones
Impreso en España

Publica: CEU Ediciones
Calle Julián Romea, 18
28003 Madrid | España
Teléfono: (+34) 91 514 05 73
ceuediciones@ceu.es

La Fundación Universitaria San Pablo CEU es una entidad inscrita en el Registro de Fundaciones con el nº 60 /
CIF (G-28423275).

Índice

I.
Introducción

Todo aquel que quiere estar en la realidad ha de conocerla. La presencia del hombre, a diferencia de otras formas de vida, requiere la comprensión de sí mismo y de sus circunstancias. Un hombre que desconoce la realidad en la que se encuentra, se desconoce a sí mismo y no es capaz de asistir a su momento histórico, a lo propio de su tiempo, por falta de comprensión. Ahora bien, para conocer la realidad que "nos ha tocado vivir", se nos impone la tarea de comprender lo que la historia de las ideas denomina postmodernidad, y el legado filosófico que han dado forma a las ideologías políticas que desde hace medio siglo configuran nuestras sociedades occidentales.

No son pocos los intelectuales que dedican su carrera y sus investigaciones a comprender los cambios de cultura, costumbres y comprensión de la realidad que dan forma a su sociedad. La toma de conciencia de los fenómenos sociopolíticos no es prescindible para aquel que quiera estar en la realidad. Esto cobra especial sentido e importancia cuando lo característico de nuestras sociedades ha empezado a ser precisamente lo que podríamos llamar una crisis de la realidad, es decir, cuando las lícitas divergencias de opinión y de visiones de la vida se han acentuado tanto que terminan por convertirse en versiones antagónicas e irreconciliables de la realidad, de lo que tiene sentido y de lo que no lo tiene. Nuestras diferencias ideológicas son mucho más que meras diferencias políticas que enfrentan a los distintos partidos. Son diferencias al respecto de qué es real y de cuáles son las fuentes de la realidad, de manera que las propuestas de organización social que ofrecen las distintas posturas políticas se hacen incompatibles con una radicalidad nueva. Esto se evidencia en la falta de genuino debate y discusión política. La falta de calidad y rigor en los debates políticos de nuestros líderes tiene relación con la compresión –radicalmente distinta en muchos aspectos– que tienen de la realidad. Para discutir en algo, primero es necesario estar de acuerdo en mucho.

Esta crisis de la realidad conduce al estudio de las nuevas corrientes ideológicas en las que se encarna la *cultura Woke*, en cuyo catálogo encontramos la Ideología de Género, el Feminismo en su comprensión postmoderna, y el Ecologismo como nuevo canon de moralidad que basa sus exigencias en la cientificidad de sus presupuestos. Estos fenómenos sociopolíticos están estructurando las sociedades occidentales bajo un nuevo entendimiento de *la naturaleza del hombre y de la mujer*, de *lo moral* y del papel del Estado, de las políticas públicas, la participación y acción social. Por ello, el principal objetivo de esta investigación es ofrecer un análisis de la naturaleza de estas ideologías y su manifestación en las sociedades donde muestran un dominio hegemónico.

II.
Contextualización y aproximación a los conceptos

Estas nuevas ideologías son, en gran parte, producto de la filosofía nihilista y la postmodernidad que se desarrollaron a lo largo de los siglos XIX y XX, respectivamente. Ambas coinciden en la defensa de la emancipación de las sociedades de toda cultura y tradición heredadas, rechazando las formas de organización social y comprensión de la realidad que recibimos. Las cuales, sin embargo, son el patrimonio que nos ha permitido desarrollarnos como civilizaciones. Entre tales corrientes tienen particular importancia las formulaciones sintéticas de teorías políticas y psicológicas en torno a la socialización de la libido como mecanismo liberador del hombre[1].

Es difícil exagerar la centralidad de Friedrich Nietzsche como una de las figuras cruciales para la comprensión de las ideologías contemporáneas. Su mayor legado fue el pensamiento nihilista cuyo contenido propositivo esencial consiste en la afirmación de la ausencia total de fundamentos y principios[2]. El nihilismo significa, en palabras del propio filósofo, *"que los valores supremos se desvalorizan"*[3]. Nietzsche comprende la tradición como un cúmulo de valores caducos que hay que superar, y cuya pretendida obligatoriedad (especialmente moral) se deriva de un *olvido* del momento en que dichos valores fueron creados. Con su afirmación "Dios ha muerto" nos revela una nueva época en la que ni la figura teológica de un dios podría imponer requerimientos o exigencias objetivas sobre la vida de los hombres. Es así como surge el relativismo moral que conduce a una *"modernidad líquida"*[4]. Este conocido concepto del sociólogo y filósofo Zygmunt Bauman sirve como descripción de la naturaleza efímera y fluida de los valores que caracteriza a la sociedad contemporánea. Este relativismo moral y científico propio del pensamiento postmoderno, es tan profundo que hay autores que llegan a entenderlo como un cinismo acerca de toda la herencia cultural e histórica[5].

---

1   Gallego, E. A., & Maíllo, C. S. (2013). *Revolución sexual y nihilismo*, Madrid, p. 29.

2   Gallego, E. A., & Maíllo, C. S. (2013). *Revolución sexual y nihilismo*, Madrid, p. 29.

3   Nietzsche, F. (2002). *El nihilismo: escritos póstumos*, Barcelona, Península, p. 64.

4   Rocca, A. V. (2008). Zygmunt Bauman: Modernidad líquida y fragilidad humana. *Nómadas: Critical Journal of Social and Juridical Sciences*.

5   Casey, G. (2021). Helen Pluckrose and James Lindsay: Cynical Theories: How Universities made everything about race, gender, and Identity - and why This harms everybody. Society, 58(3), 224-227.

Sin embargo, la cancelación de todos los valores acumulados como legado de nuestras tradiciones no es suficiente para comprender el origen y desarrollo de la cultura *Woke* y la ideología de género y su legitimación política. Ya en los años 60, Herbert Marcuse, filósofo y sociólogo germano-estadounidense y una de las principales figuras de la Escuela de Frankfurt[6], defendía la revolución sexual a través de la socialización de la libido y de los instintos sexuales de las personas. Creía que la emancipación de la sexualidad del ámbito de lo privado y de la intimidad liberaría al hombre de unas estructuras sociales coercitivas procedentes de una sociedad patriarcal. Comprendía la sexualidad como un juego de placer al servicio del hombre y de la mujer. Para Marcuse alcanzar la verdadera libertad suponía alcanzar la libertad de la realidad[7]. Además, el agente sobre el cual recaía la responsabilidad de que esto fuera llevado a cabo era precisamente el Estado, como instancia en la que la sociedad, consciente de sí misma, se dota de los medios para la modificación de la realidad.

De este modo la biología comenzó a ser comprendida como una restricción de la libertad de los sujetos –un antecedente condicionante[8]– que había que suprimir para poder ensanchar la libertad más allá de las determinaciones, ya no políticas o económicas, sino también biológicas. Muy poco después esta visión se concretó en eslóganes que encabezaron manifestaciones en favor del aborto, del matrimonio homosexual, o en defensa de los "derechos" de los transexuales: "la biología no es destino". Es decir, la biología de los seres humanos impone una dualización sexual con diferencias orgánicas y funcionales que no tiene porqué constituir una condición necesaria para la libertad. Se estableció que la corporalidad del hombre no podía ser un elemento represivo en la búsqueda de la propia identidad y en la elección de la orientación sexual de los sujetos, pues supondría una restricción de la libertad.

A lo largo de todo el siglo XX y hasta nuestros días, la historia de los movimientos sociales en torno al derecho al aborto, la liberación sexual del 68, el feminismo igualitario y, finalmente, la ideología de género, pero también las nacientes formas del transhumanismo, no hacen más que profundizar en esa visión de lo biológico como pasado que reduce las posibilidades mediante las que la libertad crece y *progresa*. Se hace comprensible entonces que en la actualidad todas las estructuras o ideas bajo las que las generaciones anteriores vivían, como la dualidad sexual o la heterosexualidad matrimonial, quedan suprimidas, incluso criminalizadas por fóbicas en tanto que se proponen como naturales, y, por tanto, normativas.

Estas son algunas de las premisas necesarias para que las ideologías progresistas actuales hayan entrado en la política en forma de legislación en la mayoría de los países occidentales y se estén procurando implementar en los países en vías de desarrollo. Fue el propio Herbert Marcuse quien defendió el papel fundamental del Estado en la protección de estas pretendidas libertades, remarcando la intransigencia que se debía aplicar contra aquel que disintiera de la politización de lo sexual. Si estas libertades sólo las puede proveer el Estado, se crea entonces una figura de estado paternalista e irremplazable para la organización y el establecimiento de un nuevo orden cultural y, en última instancia, una nueva comprensión antropológica.

---

6   La Escuela de Frankfurt fue un influyente grupo de pensadores, filósofos marxistas y críticos sociales formada en Alemania en la década de 1920. Su enfoque interdisciplinario se centró en el análisis de la cultura, la política y la sociedad. Su obra influyó en la teoría crítica, la filosofía y la sociología contemporáneas.

7   Gallego, E. A., & Maíllo, C. S. (2013). *Revolución sexual y nihilismo*, Madrid.

8   En términos de Higinio Marín.

A. Progresismo y cultura *Woke*

El progresismo se podría definir esencialmente como la revuelta triunfal ante el pasado que suspende cualquier estructura heredada de la tradición[9]. Como consecuencia de tales ideas y de las que fueron surgiendo en el horizonte de la posmodernidad, se configuró el progresismo en las variantes que hoy encontramos en nuestras sociedades.

La palabra progreso significa la acción de ir *hacia delante*, connota la idea de mejora y perfeccionamiento. Por ello, el progreso queda íntimamente ligado al futuro, pues encuentra en el horizonte de lo venidero el único escenario donde materializarse. Es así como el *progresismo*, en aras de alcanzar algo mejor, se autoimpone la obligación de renunciar al pasado. Pero también cabe destacar, que el posmodernismo se funda en la negación *nihilizante* de los antecedentes condicionantes (entendidos como elementos coercitivos de la libertad). Pero también implica la cancelación de la linealidad del tiempo que supone reconocer al futuro fuera de nuestro alcance. Así el futuro, como la espera de lo mejor, queda integrado en un presente hedónico. Es decir, la mirada progresista se fundamenta en la negación del pasado y la construcción del presente a través de la materialización de los deseos[10]. El "*mundo feliz*", para ser tal, ha de ser hoy y ahora.

En conclusión, las personas que se proclaman progresistas son aquellas que entienden que para lograr lo nuevo es necesario superar lo anterior. Como resultado se produce una superación de la historia y una anulación de la tradición, con el fin de alcanzar nuevos estándares morales. De esta manera, el presente que defiende el progreso nunca es juzgado y solo él puede juzgar el pasado.

En este sentido se hace comprensible la aparición durante la última década en Estados Unidos de los *sensitivity readers* (y que se han extendido al resto de países en otras materias), cuyo objetivo es revisar las obras publicadas durante periodos anteriores con la tarea de actualizarlas dándoles un enfoque en el que las minorías sociales estén representadas y donde no sigan vigentes estereotipos según el sexo, la raza o la inclinación sexual. Los *sensitivity readers* buscan reescribir la historia para establecer un nuevo marco de pensamiento antropológico y social. Estas prácticas han logrado que obras como *Ten little niggers* (*Diez negritos*) publicada en 1939 por Agatha Christie cambiase su nombre en Francia, renombrándola como *And then there were none*, de modo que no se hieran las sensibilidades de colectivos que se entienden discriminados.

Así, nuestra historia y tradición se juzgan como condenatorias y se desautorizan como guías, olvidando que, sin la autoridad de ambas, "*se pierde la autoridad del mundo*", como señaló Hannah Arendt. Este progresismo de los últimos dos siglos es el principal promotor de la cultura *Woke*, la ideología de género, el feminismo libertario y el nuevo ecologismo, que se presentan a sí mismos como la única opción para reemplazar los sistemas políticos y culturales viciados del pasado. Por ello, no es exagerado entender la cultura *Woke* como

---

9   CEFAS - CEU. (2022, 14 marzo). Mesa redonda "Progresismo: la ideología del suicidio de Occidente" Quintana Paz, Marín y Cambronero [Vídeo]. YouTube. https://www.youtube.com/watch?v=HKDqpnyKQ0U

10   CEFAS - CEU. (2022, 14 marzo). Mesa redonda "Progresismo: la ideología del suicidio de Occidente" Quintana Paz, Marín y Cambronero [Vídeo]. YouTube. https://www.youtube.com/watch?v=HKDqpnyKQ0U

un intento de reforma de occidente[11] y de los valores sobre lo que se han construido y desarrollado nuestras naciones y nuestra tradición, particularmente en lo relativo a su raíz judeocristiana.

Esta nueva cultura *Woke* también está impulsada por el movimiento contracultural de los años 60 en Estados Unidos que denunciaba la manera de vivir de la sociedad americana, acusándola de injusta con la participación en los bienes y privilegios sociales e hipócrita en su propia autocomprensión como una sociedad meritocrática y libre. Este movimiento culminó con el conocido *Summer of Love* de 1967. Ese verano se movilizaron, principalmente en San Francisco, pero también en otras partes de Estados Unidos y del mundo occidental, miles de jóvenes que buscaban expresar su rechazo a las normas sociales establecidas y promover valores como la paz, el amor, la igualdad y la libertad, en muchos casos eminentemente referida a la esfera sexual.

Este movimiento llegó a Europa encarnando uno de los mayores hitos simbólicos de la historia contemporánea europea: *Mayo del 68*. Estas protestas que se vivieron en Francia terminaron siendo anecdóticas desde la perspectiva política, sin embargo, supusieron un antes y un después en los modos de vida europeos y dieron lugar a la Revolución Sexual. El hombre occidental se configuró como un sujeto que buscaba la libre expansión de sus deseos vitales y que mostraba radical ingratitud hacia cuanto ha hecho posible el desarrollo y las condiciones de su existencia[12].

El filósofo Miguel Ángel Quintana Paz explica que lo *Woke* busca la reforma de los valores fundamentales occidentales a través de la imposición de una nueva propuesta cultural, pero que lejos de conseguir erradicar lo anterior, materializa la deformación de los valores de la civilización cristiana europea, que heredaron más tarde los países iberoamericanos y Estados Unidos, despojándolos de su contexto. Así es como todas las propuestas de este nuevo movimiento (contra)cultural tienen sus raíces en valores profundamente cristianos, pero vaciándolos de su sentido original. De ahí, por ejemplo, el victimismo como estatuto de autoridad moral, pero también la idea de una igualdad que despoja de relevancia a las diferencias legítimas entre los individuos que suponen la riqueza de lo social. Se trata, pues, como han dicho Quintana Paz e Higinio Marín, de una variante moralista de la religión, pero en la que no hay perdón para la ofensa.

B. El feminismo y la ideología de género

En este contexto también surgió un feminismo radical que, más allá de considerar las orientaciones sexuales como electivas, niega la existencia de los sexos y considera que los géneros son mera y esencialmente productos culturales. Este es el feminismo en el que se legitima la ideología de género y todas las variantes que más tarde surgen de ella.

---

11 CEFAS - CEU. (2022, 14 marzo). Mesa redonda "Progresismo: la ideología del suicidio de Occidente" Quintana Paz, Marín y Cambronero [Vídeo]. YouTube. https://www.youtube.com/watch?v=HKDqpnyKQ0U

12 Argumenta. (2022, 6 noviembre). Del 68 a la cultura Woke. Pablo Pérez López [Vídeo]. YouTube. https://www.youtube.com/watch?v=Ny7mGzbsG-w

En el movimiento feminista se reconocen tres olas sucesivas: la primera en el siglo XIX representada por las sufragistas que lograron el derecho de voto de la mujer; la segunda ola en el siglo XX, particularmente entre los años 1950 y 1980, donde se cuestionaron los roles tradicionales de los dos sexos y de la familia y que se caracterizó por defender la idea de que las estructuras de poder habían desarrollado el concepto de género para poder ejercer una mayor opresión sobre las mujeres; en la tercera ola, que comenzó en los años 90 y se extiende hasta nuestros días, se defiende la teoría de la interseccionalidad, concepto acuñado por la profesora y escritora Kimberlé Crenshaw, que afirma la existencia de una *interseccionalidad* entre diferentes formas de opresión, como género, raza, clase social, orientación sexual, identidad de género, habilidades físicas o mentales, entre otras.

Así pues, durante la segunda ola y antes de la aparición del concepto de *interseccionalidad* podemos diferenciar tres tipos de feminismo[13]: el feminismo liberal, el feminismo materialista y el feminismo radical, que más tarde se une al feminismo de interseccionalidad. El feminismo liberal buscaba extender todas las libertades de las sociedades liberales a la mujer y reconocerla como sujeto de los mismos derechos y deberes que el hombre, el feminismo materialista marcó un antes y un después en la comprensión de la relación entre el hombre y la mujer pues declaraba que el patriarcado y el capitalismo actuaban juntos para constreñir al género femenino tanto en el trabajo como en el hogar. Aquí cabe destacar dos hitos fundamentales que determinan la historia de este movimiento como es la influencia de la industrialización y la aparición de la píldora anticonceptiva.

La industrialización produjo un cisma entre el trabajo y el hogar[14]. Hasta ese momento las diferencias de rol entre el hombre y la mujer se comprendían como distintas esferas de influencia y actividad que eran complementarias e interdependientes, además de propicias para la crianza de los hijos y la vida familiar, como señala Mary Harrington. Es decir, lejos de que esta asimetría de los sexos fuese una estructura de opresión para la mujer, se trataba de una fuente de sinergias entre ambos sexos[15]. Así pues, la industrialización supuso que la agencia económica de la mujer en el ámbito doméstico se redujese y estrechase, y pasase a desarrollar un papel más marcado por el consumo que por la producción, al tiempo que suponía su dependencia económica total del varón. De esta manera surge un movimiento feminista laboral y un feminismo liberal, que se mencionaba unas líneas más arriba, más como respuesta a los cambios materiales de la sociedad que como una reacción a un sentimiento de opresión masculina[16].

Sin embargo, las consecuencias de la industrialización, el nuevo sistema de consumo y el mercado cambiaron nuestra idea de lo que es el cuidado y, por ello, surgieron movimientos feministas materialistas que culparon al hombre y al sistema capitalista como agentes de la opresión. Existía una tensión ambivalente entre el *feminismo del cuidado*, término acuñado por Mary Harrington, que lo define como el feminismo que *"resistía*

13   Casey, G. (2021). Helen Pluckrose and James Lindsay: Cynical Theories: How Universities made everything about race, gender, and Identity - and why This harms everybody, p. 137

14   Harrington, M. (2023). *Feminism Against Progress.*

15   Favale, A. (2023, 28 Junio). A feminism embedded in human nature. Public Discourse. https://www.thepublicdiscourse.com/2023/06/89309/

16   Harrington, M. (2023). *Feminism Against Progress.*

la lógica del mercado, enfatizando la interdependencia [de los dos sexos] *y el ámbito doméstico*"[17], y un feminismo de la libertad que "*abrazó la lógica del mercado individualista y buscó la entrada de las mujeres a ese mercado en los mismos términos que los hombres*"[18]. Finalmente, se terminó por inclinar la balanza hacia este último con la aparición de la píldora anticonceptiva.

En el marco de la Revolución Sexual la píldora anticonceptiva tuvo un papel importantísimo, pues no solo permitió transformar el sexo en ocio y cambio las relaciones personales y sociales, sino también expuso el cuerpo de la mujer a un dominio biomédico. Así es como la segunda ola del feminismo termina con la aparición del *feminismo radical*, el cual buscó reorganizar la sociedad destruyendo el concepto de género e hizo posible que la ideología de género se entendiese como la ideología liberadora de las estructuras opresoras del pasado.

Cabe destacar que actualmente el feminismo que tiene más presencia en las universidades norteamericanas es el feminismo de interseccionalidad que nació en la tercera ola y que surgió por la influencia de las teorías postmodernistas y la teoría de la interseccionalidad[19]. Como señalan Helen Pluckrose y James Lindsay en su libro *Cynical Theories*, este feminismo abandona la idea de que el capitalismo y las clases sociales sean la primera causa de la opresión y desigualdad de la mujer, siguiendo la teoría de que las "identidades" establecidas por la sociedad son el verdadero agente opresor de las mujeres. Es así como surge un cambio sustancial en la mentalidad marxista-comunista que abandona las luchas económicas como elemento transformador de las sociedades, pues el verdadero origen de la injusticia y desigualdad social se encuentra en otras estructuras opresoras anteriores. Así, cambia el culpable, pero se mantiene siempre la óptica de opresores-oprimidos como forma estructural básica de lo social que se estableció, principalmente, tras la publicación del Manifiesto Comunista de los filósofos Karl Marx y Friedrich Engels donde defienden que la historia se compone por la historia de la "lucha de clases". De esta manera, "la lucha de clases" ya no descansa sobre premisas económicas, sino sobre formas de dominación basadas en estigmas sociales.

Judith Lorber, una de las sociólogas y teóricas feministas estadounidenses más importantes de la segunda mitad del siglo XX, afirma en uno de sus estudios que las mujeres marxistas comprenden a *las mujeres* como una clase social[20]. Los mayores defensores de estas ideas social-marxistas creen entender que la división social entre hombres y mujeres es una invención únicamente creada para someter el género femenino al masculino, favoreciendo el sistema capitalista y la sociedad de consumo que entraña. Por ello, su mayor campaña se convierte en la deconstrucción de la idea de los dos sexos. Aquí vemos de nuevo como estas ideas tienen una esencial inspiración posmoderna, considerando que el conocimiento y la tradición en que se sustenta, no están fundados sobre la verdad, sino que son simples construcciones sociales que sostienen unas estructuras de poder y privilegio.

---

17 Harrington, M. (2023). *Feminism Against Progress*.

18 Harrington, M. (2023). *Feminism Against Progress*.

19 La interseccionalidad es un concepto que se refiere a la intersección y la interacción entre diferentes formas de discriminación, opresión o desventajas sociales que experimenta una persona o un grupo. Fue acuñado por la profesora de derecho Kimberlé Crenshaw en la década de 1980, originalmente para abordar las experiencias de discriminación que enfrentan las mujeres afroamericanas, reconociendo que su identidad está moldeada por la intersección de género y raza.

20 Lorber, J. (2006). *Shifting Paradigms and Challenging Categories. Social Problems*.

El feminismo y la ideología de género se alinean con otras teorías que sostienen la visión marxista de las relaciones en las que se defiende tan solo dos posturas: opresores y oprimidos, víctimas y victimarios. Entre ellas encontramos la teoría poscolonial, que es un enfoque académico y crítico que examina los efectos y las implicaciones del colonialismo en la cultura, la política, la economía y la identidad de los países y comunidades que fueron colonizados y que cuestiona las estructuras de poder y las narrativas dominantes que surgieron durante el período colonial y que consideran persisten en la actualidad creando una globalización del poder en estos países. También podemos destacar las cuestiones de la raza o la teoría *Queer* como modelos en los que la figura opresor-oprimido es vertebral. Otro ejemplo que encontramos, quizás el más importante hoy por su extensión política y su singular pretensión de objetividad científica, es la ideología ecologista.

C. Ecologismo y sostenibilidad

Es importante destacar el ecologismo como un campo de acción y desarrollo de la cultura *Woke* y del progresismo en la promoción de la mirada de estructuras sociales de opresión. Todos entendemos que el ecologismo es una corriente social y política que se centra en la protección del medio ambiente, la preservación de los recursos naturales y la promoción de prácticas sostenibles para asegurar la salud de los ecosistemas, "*meeting the needs of the present without compromising the ability of future generations to meet their own needs*".[21]

Esta ideología abarca una amplia gama de enfoques, desde el activismo y la concienciación sobre cuestiones ambientales hasta la defensa de políticas y leyes que fomenten la conservación del entorno natural. El movimiento ecologista centra sus objetivos y pretensiones políticas en entender de acuerdo con las diferentes urgencias y desafíos ambientales que la comunidad científica va detectando. Así el cambio climático, la deforestación, la contaminación del aire y del agua, la pérdida de biodiversidad y otros problemas que afectan la salud del planeta y de las especies que lo habitan pasan de ser cuestiones científicas a cuestiones políticas y morales. Así pues, el ecologismo no se limita solo a la protección de la naturaleza, sino que también considera la relación entre los seres humanos y su entorno, promoviendo determinados estilos de vida, el uso responsable de los recursos y la adopción de tecnologías limpias y renovables. En su forma más amplia y moderada, el ecologismo es una respuesta a la necesidad de equilibrar el desarrollo humano con la conservación del medio ambiente, reconociendo la interdependencia entre los ecosistemas naturales y la sociedad humana.

Sin embargo, el ecologismo es uno de los discursos que los activistas progresistas han hecho suyo y por el que refuerzan su teoría de la opresión que las clases privilegiadas ejercen sobre la naturaleza, sobre los países que son fuente de bienes naturales –en su mayoría aquellos que están en vías de desarrollo– y, en última instancia, sobre las clases más humildes quienes no se pueden poner a salvo de las inclemencias con las que la naturaleza responde. El filósofo Miguel Ángel Quintana Paz destaca que el ecologismo progresista representado por

---

21 "Satisfaciendo las necesidades del presente sin comprometer las necesidades del futuro". Véase United Nations, *Brundtland Commission, Report of the World Commission on Environment and Development: Our Common Future*, 1987.

activistas como Greta Thunberg es un ecologismo que se funda en el reproche a las generaciones anteriores y que busca un relato catastrófico en el que hay culpables y víctimas. De esta manera se crea un nuevo frente capaz de dividir a la sociedad bajo las premisas del marxismo social[22].

Así es como se observa que la cultura *Woke*, el *feminismo*, la *ideología de género*, la *teoría de raza*, el *poscolonialismo* y el *ecologismo* son corrientes ideológicas que se despliegan bajo las premisas de que las sociedades se han desarrollado por medio de mecanismos de dominación y subyugación que mantenían estructuras de poder y privilegios. Todos los activistas, teóricos e intelectuales que defienden esta lectura de la historia y de la realidad presentan al Estado como el elemento indispensable para desmantelar este orden y poder ejercer la *Justicia Social*. Como se señalaba unas líneas más arriba, el propio Herbert Marcuse afirmó que para la liberación de la dimensión sexual de la sociedad era indispensable la acción totalitaria del Estado, a lo que se sigue el establecimiento de un nuevo orden social, el derrocamiento de las estructuras anteriores y la superación de la tradición como objetivo y deber fundamental de un Estado encargado de realizar la plenitud de la existencia humana.

---

22 Guardian News. (2019, 23 septiembre). *Greta Thunberg to world leaders: «How dare you? you have stolen my dreams and my childhood»* [Video]. YouTube. https://www.youtube.com/watch?v=TMrtLsQbaok

III.
El triunfo de la ideología *Woke*, una radiografía de nuestro presente

La asunción de que es el Estado la única entidad capaz de garantizar la realización de la Justicia Social y la superación de las estructuras del pasado conduce en la actualidad a la creencia de que son las instancias estatales (o supraestatales, por cesión de estas) las encargadas de la realización del bien del hombre en la historia. Para ello es necesario que el Estado aplique todos sus medios: la reforma de la legislación, las políticas sociales, la subvención de actividades culturales que fomenta determinadas relecturas de la historia o modificaciones intencionales del lenguaje, o la creación de métodos científico-técnicos orientados a alcanzar deseos hedónicos del sujeto. Esto es: el Estado tiene que conseguir eliminar la privación de la vida y satisfacer todos los deseos en calidad de exigencias[23].

Las sociedades están creciendo bajo el amparo del posmodernismo que es la afirmación total del relativismo cultural y moral. Esta realidad se puede observar de distinta manera y en distintos contextos culturales. La creación de agendas globales, el dominio de las instituciones académicas, y la defensa de sistemas políticos marxistas en lo económico y lo social, son formas que permiten que la ideología *Woke* penetre en todas las capas del tejido social.

D. Agenda 2030

La Agenda 2030 es un plan de acción global adoptado por los Estados miembros de las Naciones Unidas en septiembre de 2015. Esta Agenda establece un conjunto de objetivos, conocidos como los *Objetivos de Desarrollo Sostenible* (ODS), diseñados para abordar desafíos mundiales y promover un desarrollo sostenible en todo el mundo con el propósito de lograrlo para el año 2030. La Agenda consta de 17 ODS's que incluyen metas específicas para erradicar la pobreza, promover la educación de calidad, garantizar la igualdad –de

---

23 En esta línea no es en absoluto banal el mensaje que la vicepresidenta segunda del Gobierno de España, Yolanda Díaz, dio como mensaje de felicitación del nuevo año 2024: *"Espero que este año convierta todos vuestros buenos deseos en derechos. Si los años avanzan, nuestro país también debe hacerlo"*. En este mensaje se hace patente la matriz progresista que entiende al presente como escenario de la realización de todos los deseos en que se revela el ideal del futuro y la idea de que es el Estado (a través de su juridificación como derechos) el agente responsable de la realización de ese futuro en el presente. Véase: https://twitter.com/Yolanda_Diaz_/status/1741491535118504274

género–, impulsar la acción climática, fomentar la paz y la justicia, entre otros temas que señalan como cruciales para el desarrollo humano y la sostenibilidad global. Estos objetivos están interconectados y abarcan aspectos sociales, económicos y ambientales, y afirman la necesidad de un enfoque integral para abordar los desafíos actuales a nivel mundial. Los objetivos se desglosan en 169 metas, que se articulan y desarrollan como la concreción de normas sociales para guiar a los países en dirección a la conquista de derechos y bienes sociales. El problema que suscita es que la fuente ideológica de la que se nutren los objetivos es profundamente *Woke*. Es por ello que quienes rechazan la Agenda afirman que ven en ella la pretendida sustitución de los valores occidentales y la secularización de la sociedad. A pesar de que la Agenda 2030 se formuló bajo los parámetros de la neutralidad moral, este objetivo no se alcanza pues sus premisas fundamentales descansan sobre las ideas del relativismo cultural, la socialización de la libido, la idea de la equidad como valor supremo y la responsabilización de los Estados de hacer efectivos todos los derechos, desplazando las estructuras intermedias entre el individuo y el poder estatal: la familia, la religión, las formas de asociación civil, etc.

Algunos de los aspectos fundamentales que se desprenden de las ideas que se promueven y merecen la pena comprender es el papel del Estado. En la Agenda y, por ello, en la mayoría de los países y organizaciones que la fomentan y defienden, el papel del Estado sustituye a la religión y es quien pone a salvo a los ciudadanos de los abusos sociales que se pueden dar en las familias o en las minorías que se reconocen como discriminadas. De esta manera, el Estado abarca considerables aspectos de la vida de las personas en sociedad y adquiere un matiz insustituible al reconocerle como el agente imprescindible para alcanzar la justicia social. Aún para quien los objetivos de la Agenda resulten honorables se desprende un problema fundamental que es la creación de sociedades estatistas que, en aras de mejorar la vida de sus ciudadanos, asumen el poder y el deber de dictar las normas sociales produciendo un choque de intereses con quienes no reconocen y comparten sus valores fundamentales. Se crea así un problema estructural para aquellos ciudadanos que inmersos en las sociedades se ven forzados a reconocer valores de ideología *Woke* que los Estados y las organizaciones supraestatales reconocen como irrenunciables.

En este sentido, merece la pena mencionar que la Agenda 2030 reconoce y defiende el aborto como derecho y la ideología de género como compresión antropológica de las personas, a la vez que asume el ecologismo y el feminismo como una lucha basada en el enfrentamiento entre opresores y oprimidos.

No es un asunto menor el análisis del idealismo salvador con el que la Organización de las Naciones Unidas enfrenta los problemas globales. Estas aspiraciones son la respuesta "salvífica" a los problemas que los teóricos postmodernos y social-marxistas diagnostican: una sociedad oprimida bajo diferentes estructuras de poder y de privilegio que dan como resultados colectivos discriminados que solo encuentran amparo y protección en el Estado. Se crea así la hegemonía de una ideología progresista que se autopercibe como imprescindible e incorregible. Se podría entender que la creación de este programa corresponde a la tercera fase del postmodernismo actual que los académicos estadounidenses conocen como *"reified posmodernism"*[24]

---

[24] Casey, G. (2021). Helen Pluckrose and James Lindsay: Cynical Theories: How Universities made everything about race, gender, and Identity - and why This harms everybody. Society, 58(3), 224-227.

–postmodernismo cosificado– que consiste en hacer valer como verdad irrebatible los principales postulados postmodernistas creando así una ideología totalitaria con el objetivo de anular y liberar a las sociedades de las mentiras del pasado y cancelando las posiciones contrarias.

El riesgo de la Agenda 2030 es la creación o promoción de un pensamiento único e incuestionable que cancela moralmente a quienes no comparten sus postulados o su entendimiento de la naturaleza del hombre y de la mujer. La actual cancelación social pone en riesgo a las personas que quieren manifestarse en contra, privándoles de la libertad para elegir fuera de las imposiciones del Estado. La aceptación de esta Agenda por parte de los 193 países miembros de la ONU es un dato revelador de la fuerza y la expansión de los postulados postmodernistas y la ideología *Woke*.

E. Las universidades de Estados Unidos

Estados Unidos es un país ampliamente reconocido por la profunda inmersión de la sociedad en la ideología progresista, de lo que dan cuenta las numerosas reformas legales que se han hecho durante las últimas dos décadas a favor de los colectivos transexuales y LGTBIQ+. Cabe destacar entonces que la ideología *Woke* en Estados Unidos tiene una fuerza especial (lo cual no es excluyente de que en el resto de occidente el "*wokismo*" este ampliamente presente y reconocido) y que la influencia de las "minorías discriminadas" se impone con mayor fuerza que en el resto de los países occidentales. Por ello, merece la pena dedicar unas líneas para comprender la tensión que las universidades estadounidenses atraviesan, muy similar a la que se vivió en la década de 1960.

El relativismo cultural tuvo su origen intelectual en Europa, pero su desarrollo y expansión fue producto de la sociedad estadounidense, catalizado a través de las universidades americanas cuando la Escuela de Frankfurt, originalmente asentada en Alemania, emigró a Estados Unidos huyendo del ascenso del nazismo en la década de 1930 y continuando allí su trabajo. Está escuela estuvo constituida por un influyente grupo de pensadores y teóricos sociales cuyo trabajo se centró en un enfoque interdisciplinario que combinaba filosofía, sociología, psicología y teoría crítica. Se enfocaron principalmente en la teoría marxista y crítica social, pero con el tiempo desarrollaron su propio enfoque crítico, influenciados por diversas corrientes intelectuales. Así fue en el contexto de las propuestas teóricas de los pensadores de esta escuela donde se terminó de configurar el relativismo cultural de finales del siglo XX. Su desarrollo y acogida en las universidades fue un elemento esencial en su difusión, pues precisamente son las universidades las entidades destinadas a fomentar el pensamiento crítico, la libertad de expresión, y donde se permite que nazcan nuevas ideas que se trasladan a la sociedad. Sin embargo, paradójicamente, la expansión del posmodernismo condujo a la creación de un clima universitario en Estados Unidos cada vez más controvertido. Como se explicaba en la introducción del informe, la sociedad empezó a caracterizarse por tener comprensiones de la realidad y de la naturaleza humana de maneras tan dispares que se convertían en irreconciliables.

Por ello, y como materialización de la lucha ideológica y cultural, se han dado durante los últimos 10 años numerosos ejemplos de situaciones de protesta y revuelta, en muchas ocasiones violentas, en defensa de las minorías y del ideal de Justicia Social que son la expresión de la profunda tensión que la sociedad norteamericana experimenta en cuestiones como discriminación racial, de género o por orientación sexual. Sin embargo, estas protestas muestran el carácter más preocupante de la ideología *Woke*: la intransigencia. Así es muy significativo el hecho de que numerosos teóricos de la Escuela de Frankfurt afirmaran que la única vía para conseguir derrocar a las élites poderosas y las estructuras patriarcales era a través de la intolerancia en la defensa y puesta en práctica de sus ideas. Defienden esta inflexibilidad como el único medio posible para la liberación de la sociedad. Por ello, las pretensiones "salvíficas" de modelos como la Agenda 2030 se imponen con tanta fuerza en los países occidentales, y la oposición a ella o la mera expresión de reservas de cualquier índole es interpretada como un discurso de odio, en un proceso creciente de eliminación de la disidencia.

A este respecto se pueden destacar algunos ejemplos como el caso del *Evergreen State College*, una de las universidades más progresistas situada cerca de Seattle, en el estado de Washington, que en 2017 vivió varios días de disturbios universitarios. Todo comenzó con el "*Día de la Ausencia*", una tradición anual donde los miembros de la comunidad afroamericana se ausentaban del campus de manera voluntaria para resaltar la importancia de su presencia y las contribuciones de este colectivo. Ese año un comité de universitarios pidió que se invirtiera la dinámica, exigiendo que fueran los blancos quienes se ausentaran, de manera obligatoria, para así generar conciencia sobre la falta de diversidad e inclusión en el campus. El profesor de biología evolutiva Bret Weinstein criticó la propuesta en un correo electrónico argumentando que el comité solo quería hacer "*una demostración de fuerza*" y que la medida era coercitiva y limitaba la libertad de expresión.

Tras conocerse la declaración del profesor, los estudiantes se organizaron durante varios días y protagonizaron revueltas y enfrentamientos. Acorralaron a profesores a los que consideraban "*traidores raciales*", con especial fijación en Weinstein, a quien buscaban por el campus con bates de béisbol. De esta paradójica manera, los estudiantes acusaron a una de las universidades más liberales de racista y xenófoba, protagonizando violentos altercados con la policía, quienes tenían orden del Rector de no intervenir en los disturbios de los estudiantes. Como resultado de la presión estudiantil y de la pasividad de las autoridades académicas, Weinstein y, también su mujer (cuya relación con los disturbios se limitaban a ser-la-mujer-de), tuvieron que dimitir. Medios como *The New York Times* cubrieron la noticia haciendo alusión a cómo la izquierda estadounidense se devoraba a sí misma[25].

Otro ejemplo destacable son los altercados de la Universidad de Yale en 2015. Días antes de la celebración de las fiestas de Halloween en el campus universitario, la administración de la Universidad envió un correo donde se les indicaba que la vestimenta debía elegirse teniendo en cuenta que no hiriera la sensibilidad de ninguna minoría. Ante esta determinación de la administración, la profesora Erika Christakis decidió escribir una carta a la Universidad mostrando su descontento con que la burocracia universitaria viese conveniente

---

25 *New York Times*, "When the left turns on its own".

inmiscuirse en la manera de vestir de los estudiantes y alertaba de los problemas que este tipo de decisiones tenían sobre la libertad. Este correo electrónico provocó una revuelta entre los estudiantes afroamericanos quienes se enfrentaron y discutieron de manera acalorada contra Nicholas Christakis, marido de Erika, a quien le increpaban que él no podía entenderles por ser blanco.

Estos no son ejemplos aislados de revueltas de estudiantes que, motivados por un sentimiento de opresión, deciden revelarse contra las autoridades académicas. Lo contradictorio es que estas situaciones se han dado de manera simultánea con decisiones y medidas de matriz progresista tomadas por distintas universidades, las cuales ponen en peligro la libertad de cátedra de los profesores o la posibilidad de diálogo precisamente en la institución social pensada para ello. Universidades como la de Berkeley han estado en el centro de acalorados debates por abrir plazas académicas en las que solicitan, además de la información habitual y comprensible en el contexto de procesos de selección de profesorado, una declaración acerca de la percepción que tienen los aplicantes sobre la diversidad y de cómo sus investigaciones la han favorecido.

Al mismo tiempo, la *Harvard Law Review* generó controversia en 2020 cuando un grupo de estudiantes y graduados de la Facultad de Derecho de esa universidad publicaron una carta abierta criticando la política de la revista respecto a las exigidas declaraciones de diversidad para sus futuros miembros. La polémica surgió debido a la nueva política que requería que los estudiantes que quisiesen ser miembros del comité científico de la revista completaran una declaración de diversidad en el proceso de solicitud. Esta declaración se centraba en la diversidad racial, de género, sexual y socioeconómica, así como en la experiencia personal relacionada con la diversidad y su promoción. Los críticos argumentaron que esta política tenía el potencial de crear tensiones, que la diversidad no debería ser un requisito para el proceso de selección y que podría afectar la libertad de expresión al favorecer ciertas opiniones sobre otras. La carta abierta, firmada por estudiantes y graduados de la Facultad de Derecho de Harvard, cuestionaba la idoneidad de esta política y expresaba preocupaciones sobre cómo podría afectar el proceso de selección y la cultura académica en la institución.

Estos son distintos ejemplos de las tensiones que caracterizan hoy la vida social universitaria de Estados Unidos, así como ejemplos de cómo la dominación de una ideología y postura política puede suponer la anulación de la libertad de expresión y de cátedra de los profesores. Aunque estas situaciones rebasan las instituciones académicas hasta llegar a las grandes corporaciones cinematográficas o las grandes empresas privadas, es de gran importancia recalcar que las universidades no están creadas para ser el motor de ideologías concretas o para conseguir anular discursos, sino para fomentar el diálogo y la discusión de ideas desde argumentos y no desde la interpretación de la realidad por parte de unas "minorías"[26].

---

26   Casey, G. (2021). Helen Pluckrose and James Lindsay: Cynical Theories: How Universities made everything about race, gender, and Identity - and why This harms everybody. Society, 58(3), 224-227.

F. Desarrollo en Iberoamérica: el Foro de São Paulo y el Grupo de Puebla

Antonio Gramsci fue uno de los ideólogos marxista que de forma más preclara entendió que la universidad era el lugar donde se generaba la verdadera transformación social por medio de la formación universitaria. Para Gramsci la universidad es el único punto de palanca lo suficientemente capaz de cambiar la cultura y modos de vida de una sociedad. Muy influido por las ideas del pensador italiano, Fidel Castro constituyó junto con Luiz Inazio Lula Da Silva (entonces sólo activista social) el Foro de São Paulo. Se trata de una organización formada en 1990 por partidos, movimientos y organizaciones de izquierda de América Latina y el Caribe para dar forma a una coalición internacional de izquierdas que fortaleciera a los partidos defensores del socialismo y el comunismo.

Tras la caída del muro de Berlín y la desintegración de la Unión Soviética, Fidel Castro supo que el social-comunismo que él había conseguido instalar en Cuba a través de la (violenta) revolución estaba entrando en crisis. Comprendió que hacía falta entrar en los gobiernos a través del sistema democrático que poco a poco se iba extendiendo, con el fin de poder establecer ejecutivos que defendiesen las ideas socialistas en Iberoamérica e hiciesen frente a la hegemonía neoliberal por la que profesaba una profunda aversión. De esta manera, se fundó el Foro de São Paulo con 48 partidos y movimientos. En la actualidad el Foro cuenta con 123 partidos políticos de 27 Estados distintos. Sus reuniones son anuales y en ellas realizan un análisis sobre la situación política propia de sus territorios, marcan sus objetivos y principios de acción, definiendo una estrategia común en la que establecen medidas a las que se han de adherir todos los miembros. Esto hace notar la enorme influencia del Foro en la situación política del continente iberoamericano entero. Aquí se hace visible de nuevo la gran relevancia transformadora que tienen las ideas socialistas en virtud de su pretendida aplicabilidad práctica, pues son las ideas de Gramsci las que dan forma y subyacen en los principios del Foro.

Gramsci desarrolló un intelectualismo marxista que revaluó las teorías de Hegel y Marx. Se dio cuenta de que la revolución comunista que estos dos pensadores defendían no se llegaba a realizar porque ellos confiaban en el proletariado como el agente revolucionario. Sin embargo, debido a la inmensa carga cultural que pesaba sobre el proletariado al respecto de la interpretación de la familia (como estructura social natural), de la religión (como revelación del verdadero destino supraterrenal del hombre) o de la patria (como ideal de la sociedad burguesa) era imposible que llegasen a ser el agente de cambio que la revolución demandaba. Para realizarse, el comunismo necesitaba ser el fin último. Y para ello, era del todo necesario cambiar la cultura y el marco conceptual que todavía se encontraban vigentes en las instituciones y los hábitos sociales. La cultura era la forma de poder; esto es, la verdadera sede y objeto de la política.

En este esquema es fácil entender la relevancia central que Gramsci concede a las universidades en la realización de la revolución. Hoy puede parecer algo evidente, pero no lo era para nada en un contexto donde la ideología comunista sancionaba la vida estudiantil como una de las formas de vida burguesa, en que se daba el disfrute de una situación ociosa a costa de la producción y el trabajo obrero[27]. Por ello, se hacía del todo necesario que los defensores de las ideas marxistas estuviesen en las instituciones académicas. De esta manera, los estudiantes se convertirían en *"agentes transformadores de la sociedad"* llevando a sus oficios y sus vidas las ideas marxistas-leninistas. Como señala el consultor político venezolano Alejandro Peña Esclusa, el marxismo no solo es una estructura política, sino que se trata de una "religión", de una cosmovisión que configura la vida de las personas que lo profesan. Y así lo entendía y defendía Fidel Castro, quien declaraba abiertamente que "por encima de todo, somos marxistas-leninistas".

En su XXIII encuentro anual en Managua, en julio de 2017, se presentó en el Foro un documento, *"Consenso de Nuestra América"*, en el que se recogían sus valores y principios. Entre ellos podemos destacar: un profundo sentido estatalista por el que reconocen el papel fundamental de los Estados. Los distintos partidos que integran el Foro coinciden unánimemente en que *"el Estado debe tener un rol fundamental como regulador de la economía, asegurando la redistribución de la riqueza"*[28]. Así, se defiende la distribución de riqueza como el mecanismo de justicia social que permite prosperar a las sociedades frente a las élites burguesas del liberalismo que empobrecen y lacran a los países: "[*l*]*a distribución equitativa de la riqueza es uno de los principales proyectos de la izquierda. Las políticas fiscales deben considerar que no existe un verdadero desarrollo sin la correspondiente inclusión social. [...] erradicación de los flagelos neoliberales, como la pobreza y la indigencia, la drogadicción, la alienación social"*[29]. Otros de sus principios fundamentales son la protección del medioambiente, la generación de contenidos descolonizadores, así como la persecución de cualquier forma de homofobia, racismo, xenofobia, etc. Es así como la agenda ideológica del Foro se alinea perfectamente con el marxismo, no solo económico, sino también cultural, que se ha desarrollado durante las últimas décadas bajo la estructura dialéctica de oprimidos frente a opresores, como se señalaba unas líneas más arriba.

El Foro tuvo un gran éxito en sus primeras décadas. En el primer encuentro solo Fidel Castro ejercía un liderazgo de izquierda en Iberoamérica, pero con el tiempo, el resto de los partidos que lo integraban fueron consiguiendo llegar a los ejecutivos de sus países. Algunos ejemplos de los gobiernos socialistas y comunistas que fueron surgiendo son: Hugo Chávez en Venezuela (1999), Tabaré Vázquez en Uruguay (2005), Evo Morales en Bolivia (2006), Rafael Correa en Ecuador (2007), Daniel Ortega en Nicaragua (2007-actualidad), Cristina Fernández Kirchner en Argentina (2007), Fernando Lugo en Paraguay (2008), Mauricio Funes en El Salvador (2009) y Luiz Inazio Lula da Silva en Brasil (2003 y 2023), entre otros. Llegaron a conseguir en el Caribe y Sudamérica hasta 14 jefes de gobierno simultáneos en 2009, sin embargo, de 2009 a 2019 este número se redujo a 4 en los países sudamericanos[30], y por ello, fundaron lo que se conoce como Grupo de Puebla, con el objetivo de tener un "nuevo impulso progresista". *El Grupo de Puebla* surge tras la pérdida de

---

27 De hecho, muchas de las revoluciones comunistas en países asiáticos como la de Camboya o China se caracterizaron por el recelo, incluso la criminalización y persecución de la vida universitaria.

28 *Consenso de Nuestra América*, 2017.

29 *Consenso de Nuestra América*, 2017.

30 Razón de Estado TV. (2021, 9 diciembre). 171. Desenmascarando al Foro de São Paulo (producido por Fundación Disenso) Razón de Estado [Video]. YouTube. https://www.youtube.com/watch?v=Yg43s6KpQJI

fuerza y de reputación del Foro en los distintos países de Iberoamérica en los que la presencia de gobiernos de izquierdas ha tenido resultados devastadores en la realidad económica y social de sus ciudadanos. *Puebla* está formado no por partidos políticos, sino por políticos y parlamentarios que defienden las mismas ideas del Foro. Entre sus fundadores podemos destacar al expresidente del Gobierno de España, José Luis Rodríguez Zapatero, y a la exministra de igualdad del Gobierno de España y cofundadora de Podemos, Irene Montero.

Según Peña Esclusa, se pueden destacar dos movimientos que los partidos social-comunistas del Foro realizan para alargar sus legislaturas e introducir un nuevo marco cultural: el cambio de la constitución, el control o cambio del sistema electoral y, se podría añadir, el control de los medios de comunicación. En este sentido, se pueden destacar a algunos partidos políticos de izquierdas que una vez han llegado al ejecutivo ponen en tela de juicio los principios democráticos.

Un ejemplo de ellos es el gobierno de Rafael Correa en Ecuador entre 2007 y 2017. Correa destacó por sus declaraciones al respecto del control que debía tener el ejecutivo sobre el Estado, en las que se negaba abiertamente los principios informadores de la separación de poderes: "[e]l *presidente de la república no es sólo jefe del poder ejecutivo, es jefe de todo el Estado ecuatoriano. Y el Estado ecuatoriano es: poder Ejecutivo, poder Legislativo, poder Judicial, poder Electoral, poder de Transparencia y Control Social, superintendencias, Procuraduría, Contraloría. Todo eso es Estado ecuatoriano*"[31]. La división de poderes, que asegura el desarrollo justo de una democracia, se encontraba profundamente vulnerada. Se le une a esto su intento de llevar a cabo una reforma electoral que permitiese la reelección indefinida en el territorio ecuatoriano. Sin embargo, esta medida se denegó a través de una consulta popular con un 64% de votos en contra. Por otro lado, cabe mencionar el intento (no exento de episodios de violencia en las calles) de reforma de la Constitución de Chile en el año 2022. Está reforma fue paralizada en las urnas. Sin embargo, lo relevante a efectos de este trabajo es que en la propuesta de reforma se pretendía introducir la obligatoriedad de que los puestos de funcionarios del Estado fueran ostentados por mujeres y hombres de forma equitativa, acabando con la meritocracia. Además, se introducía el aborto como derecho fundamental anulando el derecho a la vida que reconoce la Constitución de 1980 o la posibilidad de objeción de conciencia en base a las creencias religiosas y/o morales; se definía a las madres como "mujeres o personas con capacidad de gestar" desvinculando sexo biológico y género. También, en esta propuesta de Constitución se elimina al Senado y se hacía recaer el poder legislativo solo en el Congreso de diputados, impidiendo que una figura como la cámara alta ejerciera un papel regulador democrático y jurídico[32]. Todas estas medidas, a la luz del análisis realizado unas páginas más arriba, son suficiente indicio para afirmar que el texto chileno supone la maduración de la ideología *Woke* hasta el grado de propuesta de Carta Magna.

---

31 No se encuentra fuente original, se tienen dos fuentes secundarias. Jijón, C., & Jijón, C. (2011, 2 noviembre). Para que sepan quién es "el jefe" | La República EC. La RepúblicaEC. https://www.larepublica.ec/blog/2011/11/02/para-que-sepan-quien-es-%E2%80%9Cel-jefe%E2%80%9D/

32 Ayala, Y. (2023). "La erosión de la separación de poderes en Iberoamérica. Análisis y propuestas".

El gobierno del Foro en el que más claramente se revela la falta de compromiso democrático y de respeto a los derechos humanos es la dictadura de izquierdas de Daniel Ortega en Nicaragua, que se mantiene en el poder de forma violenta desde 2007, persiguiendo y criminalizando toda forma de oposición política. Un hecho especialmente crudo fue la llamada "masacre del día de las madres" ocurrida el 30 de mayo de 2018. Ese día se produjo en Managua el mayor levantamiento popular nicaragüense hasta el momento en contra del gobierno de Ortega. Estas protestas fueron reducidas con la actuación militar ordenada por el ejecutivo en las que se abrió fuego contra los manifestantes, provocando la muerte de un número desconocido de civiles[33].

Aunque por la intención analítica de este texto hemos de limitarnos a los ejemplos más significativos que iluminan la comprensión teórica del desarrollo y triunfo de las ideologías progresistas, Nicaragua no es el único país cuyo partido, el FSLN, siendo miembro del Foro, se ha convertido en una dictadura de facto. También Venezuela y Cuba encarnan regímenes autoritarios de izquierda en los que son apreciables tendencias de empobrecimiento y pérdida de derechos de los ciudadanos. Venezuela ha experimentado el mayor éxodo de su historia con más de 7,7 millones de ciudadanos que han huido del gobierno de Nicolas Maduro[34]. Un dato que no es fácilmente conciliable por aquellos análisis que señalan el éxito político-social del gobierno comunista venezolano.

---

33 Las fuentes más fidedignas apuntan a un número cercano a las 300 vidas perdidas, pese a que las cifras oficiales son de 18 bajas civiles.

34 Refugiados y migrantes de Venezuela | R4V. (s. f.). https://www.r4v.info/es/refugiadosymigrantes

IV.
Conclusiones

G. El conservatismo como una propuesta anti-ideológica

Tras la exposición de distintas situaciones que se desarrollan en EE. UU. e Iberoamérica y el estudio de las distintas corrientes que encarnan el progresismo cultural de la actualidad que tienen la pretensión de establecer una nueva organización social se puede tener una postura opuesta a la razón fundamental que las motiva: el rechazo al pasado y a la tradición.

Reconocer en el pasado una fuente de verdad o unas estructuras sociales verdaderas no es una opción ideológica, sino la forma con la que las sociedades se reconocen vinculadas con sus inicios. No ha existido ninguna sociedad que se crea a sí misma como origen[35]. La consideración positiva del pasado permite además no poner el foco en el constructivismo futurista que caracteriza a las ideologías postmodernas y a su naturaleza revolucionaria. Se debe practicar una postura crítica pero agradecida del pasado y de su legado. Esto convierte al conservatismo en una visión de lo político y de la realidad misma que no se asemeja a una ideología, y se configura como un punto de vista *meta ideológico*, pero capaz de suscitar soluciones y políticas particulares. Es decir, la naturaleza del conservatismo hace que no se trate de una ideología revolucionaria, sino todo lo contrario, de un punto de vista político capaz de conservar lo bueno y reformar lo necesario.

De esta manera, el conservatismo como forma política no rechaza el pasado como fuente de mentiras, pero al mismo tiempo no asume todo lo que le precede en el tiempo como mejor. El conservador, según el profesor de Filosofía Política, Elio Gallego, es aquel que a través del agradecimiento es capaz de discriminar lo perdurablemente significativo y las formas mejorables por caducas; al tiempo que percibe que "es un ejercicio de vanidad considerar que todas las generaciones han sido ciegas hasta la presente, que ha visto la luz"[36].

---

35 Gallego, E. (2023, 18 noviembre). Conservatismo II: ¿Qué hay que conservar? El Debate. https://www.eldebate.com/cultura/20231118/conservatismo-ii-hay-conservar_154416.html

36 Gallego, E. (2023, 18 noviembre). Conservatismo II: ¿Qué hay que conservar? El Debate. https://www.eldebate.com/cultura/20231118/conservatismo-ii-hay-conservar_154416.html

Efectivamente, esta visión agradecida del pasado debe complementarse con un honesto análisis crítico de aquellas cosas que sí merecen la reforma o su abandono.

Este punto es fundamental para todo aquel conservador que quiera intervenir en la vida pública, porque en numerosas ocasiones, el pensamiento progresista ha considerado que el conservatismo tiene aversión al cambio porque va en detrimento de sus beneficios. La razón es totalmente contraria, no es por hacer perdurar unas estructuras concretas, sino porque el futuro deseable no puede fundamentarse sobre la negación del pasado, tampoco en el ámbito de las tradiciones políticas, institucionales y morales. Así que si el conservatismo es la mejor posición en el contexto de las ideologías contemporáneas es precisamente porque no es una ideología, sino un sentido de la realidad cuyas fuentes son más amplias y plurales que los Estados y sus rumbos ideológicos. Es decir, es la mejor posición política porque no concibe que la política sea toda la realidad ni la fuente de la realidad misma. El conservatismo asume la tarea de cuidar aquello que se le es dado, sin la pretensión de ser el creador de un nuevo orden.

Así pues, el punto de origen del pensamiento de un conservador y un progresista son radicalmente distintos. Lo que se traduce en que la idea de "bien común" que tienen ambas partes es muy difícil de conciliar. Esto se traduce en una crisis de la realidad porque no hay un amplio espacio compartido desde el que discutir. Esta falta de comprensión hace indispensable dejar de atribuir al Estado la protección del "bien común" y establecer unos límites en los que la convivencia sea posible, sin abandonar la defensa de la verdad, pero sin el sometimiento de ninguna de las dos partes.

Defender aquello que uno considera como verdad es fundamental y más cuando lo que está en juego es la comprensión de la naturaleza de los hombres que ordena la vida en sociedad. Sin embargo, esto no puede provocar la anulación del contrario por el mero hecho de serlo. El espíritu crítico justo requiere que no se cancele y se rechace cualquier idea o propuesta por la única razón de ser ajena o contraria. Si se actuase de este modo, se estaría faltando a la verdad y a la justicia, y se estaría asumiendo que uno es poseedor de toda la verdad y que el contrario encarna la equivocación absoluta. Al igual que pensar que el pasado no tiene nada que enseñarnos es un ejercicio de vanidad, pensar que del contrario no hay nada que podamos aprender es igualmente un ejercicio de vanidad que hace imposible el diálogo y la convivencia.

Desde la perspectiva política del conservatismo se desprenden distintas ideas que permiten desarrollar unas medidas que ayudan a la regulación del "absolutismo estatal" como es la democracia fiscal, la subsidiariedad del estado y el consecuente reforzamiento de las formas de sociedad intermedias. Por ejemplo, la aplicación de un sistema fiscal selectivo permite evitar la imposición de una postura moral a través de las políticas del Estado fortaleciendo la idea de una democracia fiscal. Dada la aconfesionalidad del Estado, pero también la historia de la Iglesia en España se acordó que aquellos españoles que así lo deseasen podrían contribuir a través del pago de sus impuestos a la Iglesia, permitiéndoles elegir en el momento del pago de los impuestos marcar si querían o no que un porcentaje fuese para la Iglesia católica. De esta manera el Estado posibilitó una opción para aquellos que veían un bien en la obra que la Iglesia hacía en la sociedad, sin perjuicio de aquellos que no querían participar de su financiación. El Estado en este punto actúa como sistema posibilitador. Un mecanismo similar se podría aplicar a aquellas medidas que suponen la asunción de una ideología moral concreta como podría ser el caso del aborto o de la eutanasia. Lejos de pretender que esta democracia fiscal abriese brechas de discordia entre los distintos grupos sociales, se trataría de una medida que reconocería y respetaría la disparidad de entendimientos en asuntos tan delicados e importantes como es la defensa de la vida del feto durante el embarazo. De esta manera, el Estado se convierte en un sistema que no produce una hegemonía de la ideología *Woke* y que no anula a la posición contraria. Sin embargo, cabe destacar que esta posibilidad tiene que estar restringida a aquellas cuestiones en las que confluyen dos características: la constatación de la existencia de una polémica social profunda y su no interferencia en la cobertura y aseguramiento de los servicios básicos ya definidos de antemano.

Otro mecanismo regulador de las funciones del Estado es reconocerlo como subsidiario. El Estado debe estar limitado a aquellas actividades de las que no se puede encargar ninguna otra entidad. De esta manera, el intervencionismo económico y social del Estado no será susceptible de coartar la libertad de las personas. En cuanto más cesiones tiene el Estado menos se posibilita la libertad y libre iniciativa de los ciudadanos. Sin embargo, si el Estado actúa solo en los asuntos en los que su intervención es esencial, entendiendo por esencial las necesidades básicas que no se pueden cubrir ni asegurar por ningún otro medio, encarna entonces un sistema que asegura la libertad de sus ciudadanos, a su vez que refuerza las estructuras intermedias que compone la sociedad civil. Al mismo tiempo, estas entidades intermedias sirven como reguladoras del papel del Estado, limitando la intromisión de los poderes del Estado (con la posibilidad de sus consecuentes abusos) en la vida privada de las personas. En este mismo sentido, al considerar que la política no abarca todos los aspectos de la vida, las personas deben poder asociarse a través de estructuras sociales intermedias como son la familia, los movimientos sociales, las asociaciones culturales, etc, que componen y crean el tejido de la vida de las personas fuera de la estructura estatal y política.

Como recapitulación de las ideas fundamentales que se desprenden de este documento podemos destacar la importancia de reconocer que el Estado tiene una fuerte tendencia a la dominación de las distintas esferas de la vida. Esta dominación la lleva a cabo reconociéndose como una estructura que no se somete al derecho, sino que es la creadora de los derechos de las personas[37]. Además, esta dominación tiene una vinculación directa a la Ideología *Woke*. La hegemonía del "*wokismo*" es observable en la intolerancia de sus presupuestos; para que se reconozcan y se lleven a cabo las medidas progresistas es fundamental que se niegue y rechace toda oposición teórica y política. Así pues, el rechazo a las posturas contrarias va más allá de la mera oposición, sino que materializa en la criminalización y condena a través de mecanismo legislativos. Esta criminalización tiene la consecuencia directa de la victimización de distintos colectivos creando una sociedad divida

---

37   CEFAS - CEU. (2023, 8 marzo). Elio A. Gallego | El problema de la soberanía [Vídeo]. YouTube. https://www.youtube.com/watch?v=YoM85k1TGJg

en "buenos y malos", en "opresores y oprimidos" que solo conduce al enfrentamiento. En vez de reconocer la disparidad de opiniones y fortalecer las ideas comunes, las sociedades occidentales se ven inmersas en juegos dialécticos y en luchas de poder. Esta postura progresista se sustenta en la negación de que la historia tiene algo que enseñarnos y en el veto de las estructuras sociales del pasado. Esta negación de la historia y de las sociedades anteriores como fuente de conocimiento provoca que toda la realidad pueda ser revaluada y que no se tenga ningún fundamento o referente donde construirla. Produce un relativismo cultural donde no existe la norma, lo cual hace que la legislación a cargo del Estado se convierta en la única verdad defendible.

Por todo ello, es comprensible la necesidad de que el Estado devuelva libertades a las personas a través de su participación y el aumento la influencia de las instituciones sociales intermedias. Fomentar la sociedad civil, así como la iniciativa privada, que lejos de esperar que el Estado les provea, poseen una dinámica de construcción donde las personas deciden en libertad la forma de estructurar la sociedad. También se hace imprescindible que el Estado moderno como estructura aconfesional que no se adhiere a ninguna religión en concreto, ni tampoco a ninguna ideología moralizante concreta porque, de lo contrario encarna aquello que con su origen se quiso eliminar, el absolutismo.